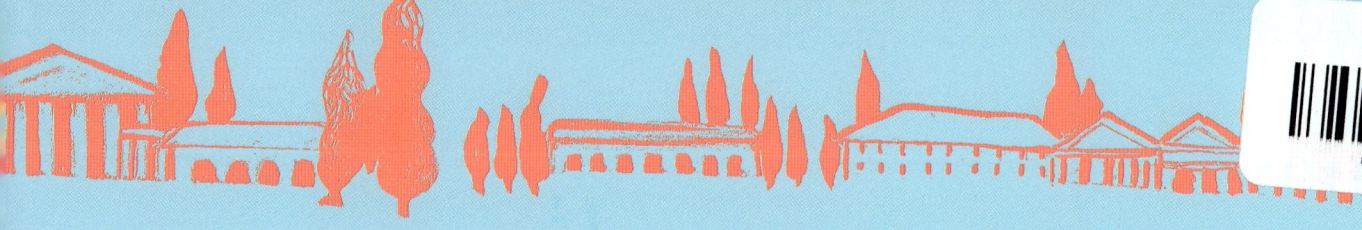

작은 도시에서 시작한 로마가 지중해 주변의
넓은 땅을 다스리는 제국이 되었어.
로마 시민들이 발달시킨 언어와 기술, 법과 종교는
훗날의 유럽 사람들에게 훌륭한 본보기가 되었단다.

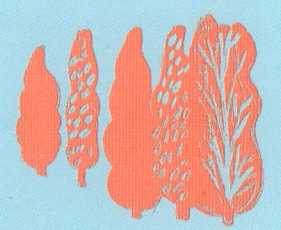

나의 첫 세계사 5

시민과 황제의 나라
로마 제국

박혜정 글 | 김은희 그림

휴먼
어린이

유럽

알프스산맥

로마

이탈리아반도

시칠리아

지중해

오늘은 이탈리아에 가 보자.

이탈리아는 유럽 대륙에 있어.

유럽이 지중해와 맞닿는 곳에 몇 개의 반도가 있거든.

그중에 꼭 장화처럼 생긴 기다란 반도가 있는데, 그게 바로 이탈리아반도야.

그 반도의 앞부분에는 세모 모양의 섬, 시칠리아가 있어.

이탈리아 사람들은 시칠리아를 '장화 앞에 놓인 축구공'이라고 부른대.

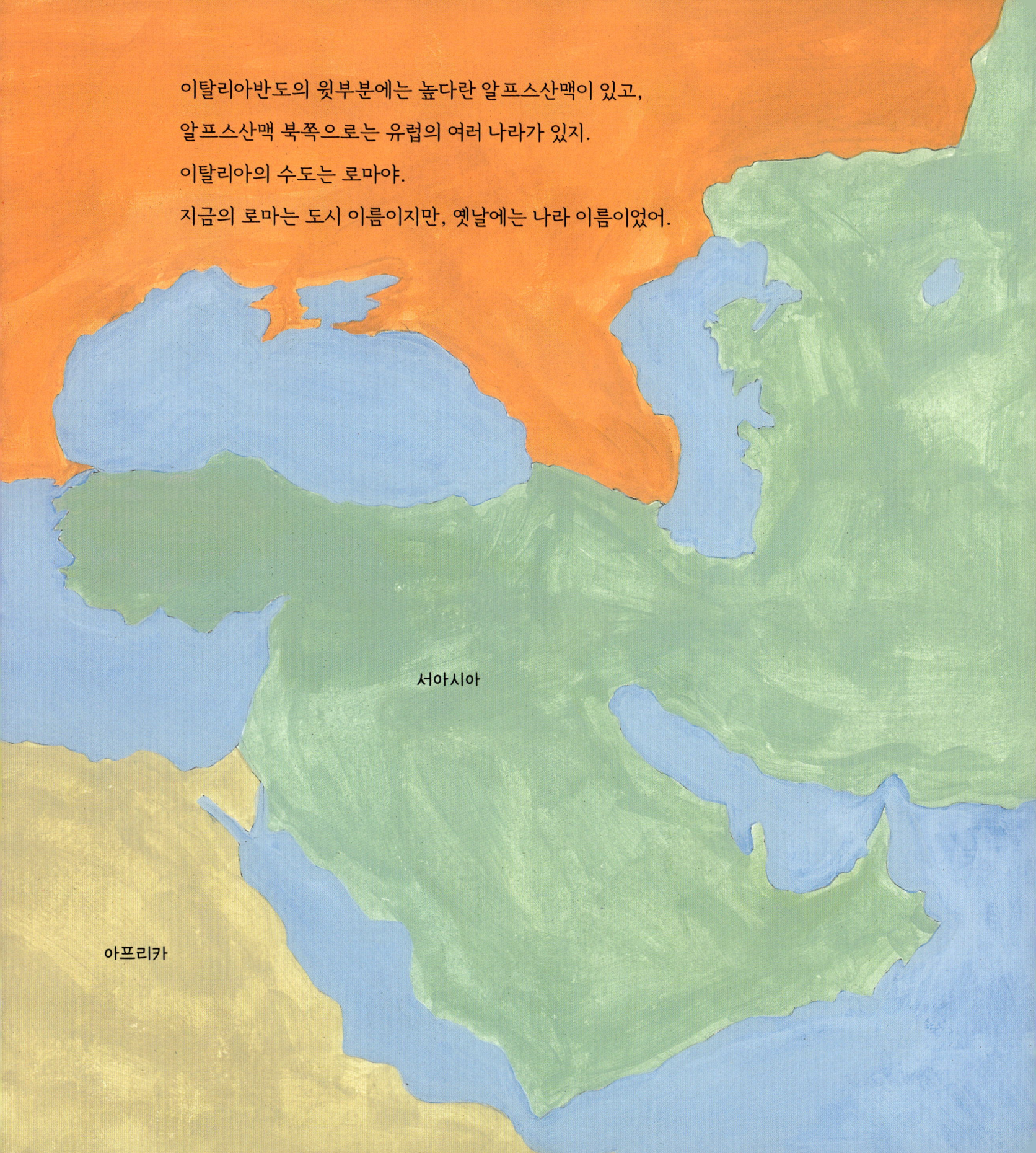

이탈리아반도의 윗부분에는 높다란 알프스산맥이 있고,
알프스산맥 북쪽으로는 유럽의 여러 나라가 있지.
이탈리아의 수도는 로마야.
지금의 로마는 도시 이름이지만, 옛날에는 나라 이름이었어.

서아시아

아프리카

로마라는 이름은 나라를 세운 '로물루스'의 이름에서 따온 거야.
로물루스와 쌍둥이 동생 레무스는 아기일 때 바구니에 담긴 채
테베레강을 떠내려왔대. 쌍둥이를 구해 주고 보살핀 것은 늑대였어.
늑대의 젖을 먹으며 씩씩하게 자란 쌍둥이는 새로운 나라를 만들게 되었지.

테베레강

처음에는 둘이 힘을 합쳐 나라를 만들었지만,
얼마 지나지 않아 서로 왕이 되겠다며 싸움을 벌였지.
결국 싸움에서 이긴 로물루스가 로마를 세운 왕이 되었던 거야.
로물루스가 세운 로마는 작은 도시 국가였지만
점차 힘을 키워 지중해 주변을 차지하는 거대한 나라가 되었어.

도시 국가였던 로마는 맨 처음부터 강했던 것은 아니야.
별 볼 일 없는 왕이 다스리고 있어서 주변의 다른 나라들에 시달리기도 했지.
어떤 왕은 너무나 이상해서 시민들한테 쫓겨나기도 했어.

"왕에게 기대할 게 없어. 우리들의 대표를 우리가 뽑는 게 어때?
귀족들은 귀족의 대표를 뽑고, 평민들은 평민의 대표를 뽑는 거야.
귀족과 평민이 힘을 합쳐 나라를 다스리자."

와, 귀족과 평민이 힘을 합치다니! 다른 나라에서는 보기 힘든 장면이야.
로마에서는 처음부터 귀족과 평민이 나랏일을 나누어 맡았을까?
그럴 리가! 귀족과 평민이 함께 힘을 모아서 가능한 일이었어.
평민은 자신의 권리를 꾸준히 주장했고, 귀족은 평민을 인정해 주었지.
로마의 광장은 나랏일을 상의하고 결정하는 시민들로 늘 북적였어.

에헴에헴, 로마의 귀족들이 점잔을 빼며 말했어.
"우리는 나라의 중요한 일을 의논하지.
귀족의 명예를 지키고 재산을 늘리려면,
전쟁을 벌여서 땅을 넓혀야 해.
전쟁에서 승리해 개선문을 지나는 일은 가문의 영광이야!"

으쓱으쓱, 로마의 평민들이 어깨를 들썩이며 말했어.

"우리도 로마의 정치에 참여할 수 있어.

내 손으로 농사지을 땅이 있고, 내가 번 돈으로 무기도 구입해.

전쟁이 벌어지면 열심히 싸우지. 나라와 가족, 내 땅은 내가 지켜!"

귀족과 평민 들은 힘을 합쳐서 땅을 넓혀 나갔어.

로마를 순순히 잘 따르면 누구나 로마의 시민이 될 수 있었지만

로마의 뜻을 거스르면 로마 시민들과 전쟁을 벌여야 했지.

시간이 꽤 걸리긴 했어도, 결국 로마는 이탈리아반도를 통일했어!

이탈리아반도를 통일한 로마는 이제 지중해로 향했어.
로마가 제일 먼저 탐냈던 곳은 시칠리아야.
이탈리아반도 앞부분에 있던 세모난 섬, 기억나니?
시칠리아는 지중해 한중간에 있는 가장 큰 섬이라서
지중해를 다니는 사람들이 모두 눈독을 들이는 곳이었지.

로마가 시칠리아를 차지하기 위해서는 먼저 카르타고와 겨루어야 했어.
카르타고는 바다 건너, 아프리카 북쪽에 자리 잡고 무역을 하던 도시 국가였어.
시칠리아를 비롯해 지중해를 장악하고 있던 강력한 나라였지.
결국 로마와 카르타고 사이에 전쟁이 벌어졌어. 바로 **포에니 전쟁**이야.

포에니 전쟁에서
가장 유명한 사람을 꼽자면
카르타고의 **한니발** 장군이라고 할 수 있어.
한니발의 군대가 알프스산맥을 넘어 로마로 쳐들어갔거든.
그게 특별한 일인가?
그럼! 곧장 바다를 건너지 않고 산을 넘어온 거잖아.

로마 사람들은 카르타고의 군대가 당연히 바다를 건너오리라 생각했거든.
예기치 못한 공격에 로마가 한 방 먹은 셈이지.
더군다나 높고도 험한 산을 넘어온 것은 사람들만이 아니야.
수십 마리의 코끼리도 함께 알프스산맥을 넘었어.
당황한 로마의 군대는 한니발의 군대를 제대로 막아 내지 못했지.

하지만 로마에도 **스키피오**라는 유능한 장군이 있었어.
스키피오는 섣부르게 한니발과 싸우지 않았어.
한니발이 카르타고를 비운 틈을 타서 몰래 바다를 건너 공격했지.
그 소식을 들은 한니발이 헐레벌떡 카르타고로 돌아왔지만,
로마의 군대를 당해 낼 수는 없었어.
전쟁은 로마의 승리로 끝나고, 로마가 카르타고의 땅을 모두 차지했지.
카르타고 사람들은 죽거나 로마의 노예가 되고 말았어.

로마는 이탈리아반도에 더해 카르타고의 아프리카 땅까지 가지게 되었어. 지중해를 누비고 다니며 많은 나라와 전쟁을 벌였고, 서아시아 땅까지 정복했지. 이때의 로마 군대는 세계 최강이었어.

지중해를 모두 정복하고 나자, 로마는 알프스산맥을 넘어갔어.
알프스산맥 너머에 있는 땅을 '갈리아'라고 불렀는데,
로마 사람들은 갈리아 사람들과 사이가 좋지 않았어.
갈리아 사람들은 아주 사납고 싸움을 잘했거든.

로마의 유능한 장군 **카이사르**는 7년 동안 로마 군대를 이끌며 마침내 갈리아를 정복했어. 로마의 시민들은 카이사르를 영웅으로 받들었고, 카이사르는 로마의 황제가 되고 싶어 했지.

"로마는 더 이상 작은 도시 국가가 아니야.
거대해진 제국을 다스리기 위해서는 강력한 군대와 통치력을 가진 황제가 필요해.
내가 황제가 되어 로마 제국을 이끌겠다!"

카이사르를 따르는 사람들이 많았지만,
로마의 귀족들은 황제의 등장이 반갑지 않았어.
귀족들은 몰래 카이사르를 죽이려는 계획을 세웠지.
결국 카이사르는 황제가 되지 못하고,
귀족들의 칼에 찔려 죽고 말았어.

로마의 시민들은 카이사르의 죽음을 슬퍼했어.
카이사르를 죽게 한 사람들을 로마 밖으로 쫓아내기도 했지.
카이사르의 뒤를 이은 **옥타비아누스**가 마침내 로마의
첫 황제가 되었어. 물론 황제가 되는 일이 쉽지는 않았지.
경쟁자였던 안토니우스 장군이 이집트로 건너가서
클레오파트라 여왕과 손을 잡고 옥타비아누스에게 맞섰거든.

안토니우스와 힘을 합친 클레오파트라의 군대와
옥타비아누스 사이에 전쟁이 벌어졌어.
이 전쟁에서 옥타비아누스는 승리를 거두고, 이집트까지 정복했지.
그러자 귀족들도 옥타비아누스를 인정할 수밖에 없었어.
그렇게 옥타비아누스는 로마 최초의 황제가 되었던 거야.
뒤이어 능력 있는 황제들이 등장하면서 로마에
평화의 시대가 찾아왔어.

그 무렵 로마에 콜로세움이 지어졌어.

콜로세움은 5만 명이 넘는 사람들이 들어갈 수 있는 거대한 경기장이야.

이곳에서 힘센 검투사들이 대결을 펼치거나 전차 경주를 벌였지.

사자나 표범 같은 맹수와 사람이 싸우기도 했어.

로마의 황제와 귀족, 군인과 평민, 남성과 여성이 콜로세움에서 함께 경기를 구경하고 응원할 수 있었지.

콜로세움은 로마 시민들이 화합하는 장소였어.

콜로세움을 짓기 위해 필요한 돈은 어디에서 구했을까?
로마 황제는 서아시아의 예루살렘을 침략하고
그들의 재산을 빼앗았어. 그렇게 생긴 돈으로 콜로세움을 지었던 거야.
사람들을 끌고 와 힘든 일을 시키기도 했지.
목숨을 걸고 결투를 벌이는 검투사, 사나운 동물과 싸워야 했던 사람들,
사람들의 구경거리가 되었던 동물들은 또 얼마나 힘들었을까?
콜로세움은 누군가에겐 고통과 슬픔의 장소이기도 했어.

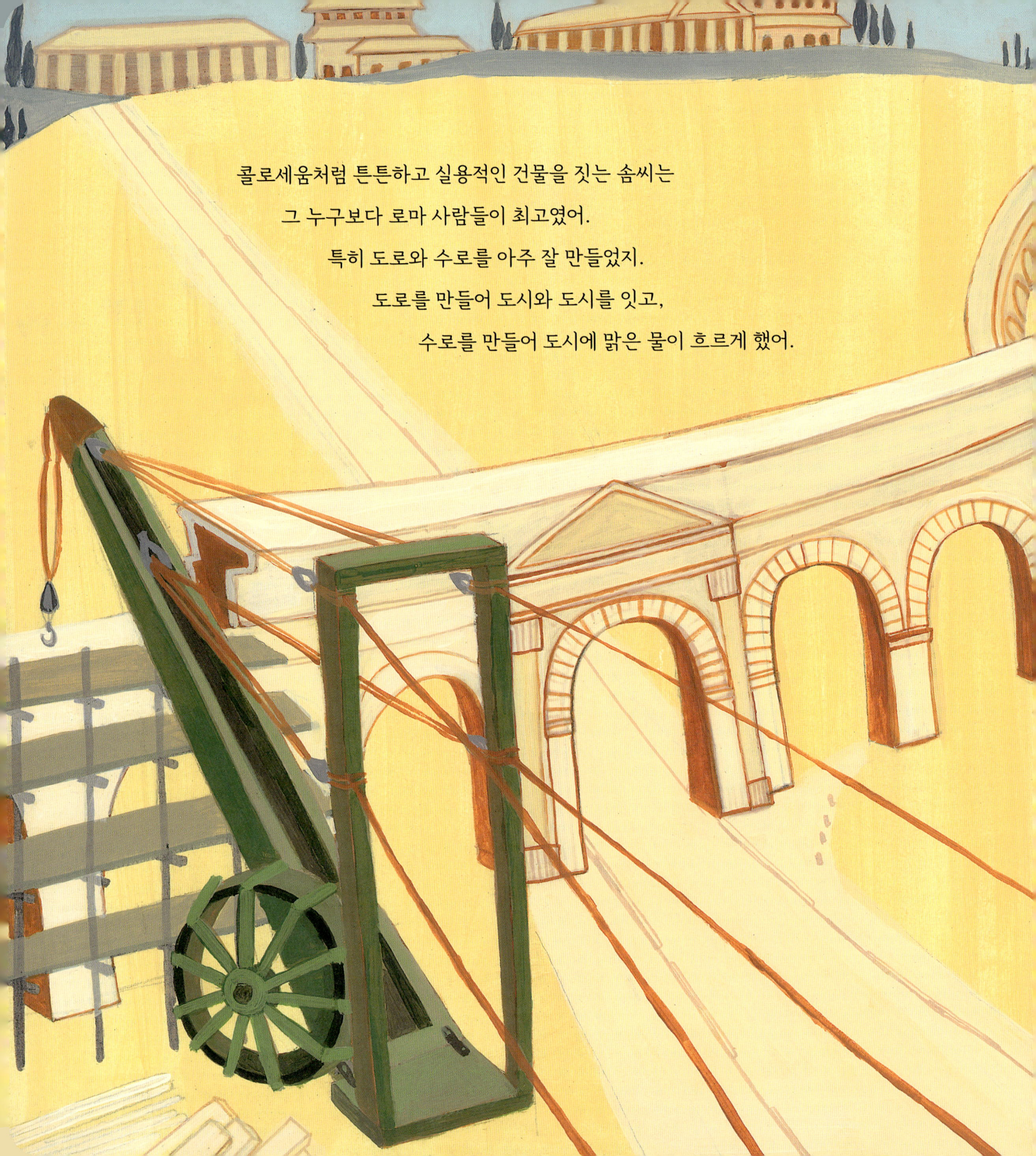

콜로세움처럼 튼튼하고 실용적인 건물을 짓는 솜씨는
그 누구보다 로마 사람들이 최고였어.
특히 도로와 수로를 아주 잘 만들었지.
도로를 만들어 도시와 도시를 잇고,
수로를 만들어 도시에 맑은 물이 흐르게 했어.

로마의 땅이 넓어지면서 로마의 길도 점점 길어졌어.
거미줄처럼 이어진 길이 유럽과 서아시아,
북아프리카의 도시들을 연결했지.
길을 통해 군대가 오가고, 세금도 쉽게 옮길 수 있었어.
문자와 법, 과학과 기술 같은 로마의 문명도
이 길을 따라 유럽 곳곳으로 전해졌어.

로마의 길은 제국 곳곳을 이어 주었고,
강력한 군대가 나라를 지키면서 지중해는 로마 제국의 앞바다가 되었어.
덕분에 로마의 상인들은 지중해에서 마음 놓고 여러 상품을 사고팔 수 있었지.
특히 중국의 비단과 인도의 향신료가 인기 상품이었대.

로마 사람들은 화려한 옷감으로 옷을 지어 입었어.
커다란 공중목욕탕에서 한가로운 시간을 보내기도 했지.
대리석으로 거대한 신전을 짓고, 신이나 황제에게 제사도 지냈어.
가난한 사람들은 나라의 보살핌을 받을 수 있었지.

하지만 로마의 평화에도 조금씩 금이 가기 시작했어.
넓은 제국을 통치하는 것은 쉬운 일이 아니었거든.
로마의 황제는 국경을 튼튼히 지키고, 외적의 침입을 막아야 했지.
훌륭한 황제가 로마를 다스릴 때는 별 문제가 없었어.
고집만 세고 능력도 없는 황제들이 나타나면서 문제가 생겼지.

황제가 무능해지자 국경을 지키던 군인들이 점점 힘을 키워 나갔어.
원래 있던 황제를 쫓아내고 새로운 황제가 되려는 군인들이 생겨났지.
군인들 사이에 싸움이 벌어졌고, 간신히 황제가 된 사람은
또 욕심을 부리다가 쫓겨나기 일쑤였어.
50년 사이에 스무 명이 넘는 황제가 바뀔 정도였지.
적들이 여기저기에서 쳐들어올 만큼 로마는 약해졌어.
지진이 일어나고, 전염병도 나돌았지.

불안하던 로마 사람들에게 의지가 되어 준 것은
예수와 하느님에 대한 믿음이었어.
로마의 지배를 받던 서아시아의 팔레스타인에서 태어나
사랑과 평등을 이야기하던 예수는 결국 십자가에서 죽고 말았어.
하지만 그를 믿고 따르는 사람들은 점차 늘어났지.

소곤소곤, 로마가 망하려나 봐!
하느님과 예수님을 믿자!
하느님은 이 세상을 만든 유일한 신이지.
그의 아들 예수님은 우리를 구원해 줄 구세주야.

소곤소곤, 천국에 가는 일은 어렵지 않아.
이웃을 내 몸처럼 사랑하고,
하느님과 예수님께 진심으로 기도하면 돼!
천국은 모두가 평등하고 풍요로운 세상이래.

가난하고 차별받던 사람들이 서로를 의지하며
예수의 가르침을 따랐지.
하느님과 예수를 믿고 따르는 크리스트교가
로마에도 퍼져 나갔던 거야.

크리스트교를 믿는 사람들은 로마의 황제와 귀족들에게
꽤 오랫동안 괴롭힘을 당했어. 서로 생각이 아주 달랐거든.

'모든 사람은 평등할까?'
크리스트교를 믿는 사람들은 그렇다고 생각했지만,
로마 귀족들은 귀족과 노예가 평등할 수 없다고 생각했어.

'로마의 황제는 신일까?'
로마 귀족들은 그렇다고 생각해서 황제에게 제사를 지냈지만,
크리스트교를 믿는 사람들은 세상에 신은 하느님밖에 없다고 생각했지.

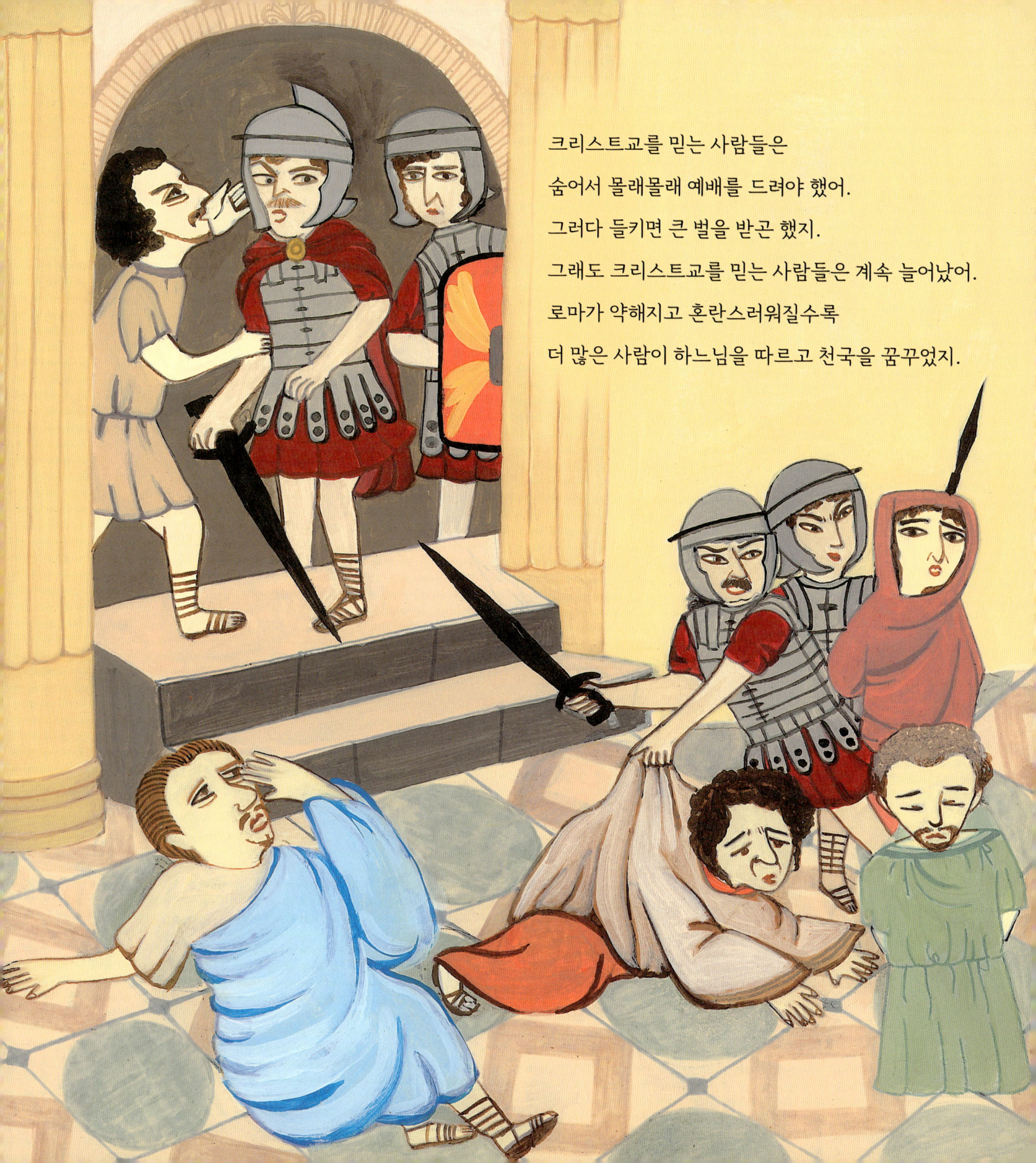

크리스트교를 믿는 사람들은
숨어서 몰래몰래 예배를 드려야 했어.
그러다 들키면 큰 벌을 받곤 했지.
그래도 크리스트교를 믿는 사람들은 계속 늘어났어.
로마가 약해지고 혼란스러워질수록
더 많은 사람이 하느님을 따르고 천국을 꿈꾸었지.

그러자 로마의 황제도 마음을 점점 바꾸었어.
로마의 콘스탄티누스 황제는
로마 사람들이 크리스트교를 믿어도 좋다고 허락했지.
그리고 제국의 수도를 동쪽의 비잔티움으로 옮기기로 결정했어.
유럽과 아시아가 만나는 활기찬 도시에서
로마 제국을 새롭게 일으키고 싶었나 봐.
도시 이름도 자신의 이름을 따서 콘스탄티노플이라고 바꾸었지.

콘스탄티노플

동로마 제국

물론 그것만으로 문제가 해결되지는 않았어.
갈수록 나라를 다스리기 어려워지자 황제는 로마를 둘로 나누었어.
서쪽에 있는 로마는 '서로마 제국', 동쪽에 있는 로마는 '동로마 제국'이 되었지.
서로마 제국의 수도는 로마, 동로마 제국의 수도는 콘스탄티노플로 정했어.
두 개로 나뉜 로마는 과연 힘을 되찾을 수 있었을까?

로마가 반으로 나뉠 때쯤 '기회는 이때다!' 하는 사람들이 있었어.
로마의 북쪽 국경 너머에 살던 게르만족이야.
호시탐탐 로마를 노리고 있던 게르만족은
자신들보다 더 북쪽에 살던 훈족이 따뜻한 곳을 찾아
남쪽으로 내려오자 위기를 느끼고 있었거든.

게르만족 안에는 서고트족, 동고트족, 프랑크족, 반달족, 앵글로색슨족, 롬바르드족 같은 다양한 민족이 있었어. 동고트족을 막기 위해 로마의 군대가 이쪽으로 모이면 저쪽에서 서고트족이 쳐들어오고, 서고트족을 간신히 막아 내면 반달족이 갑자기 로마에 쳐들어오는 그런 혼란스러운 상황이 계속되었지.

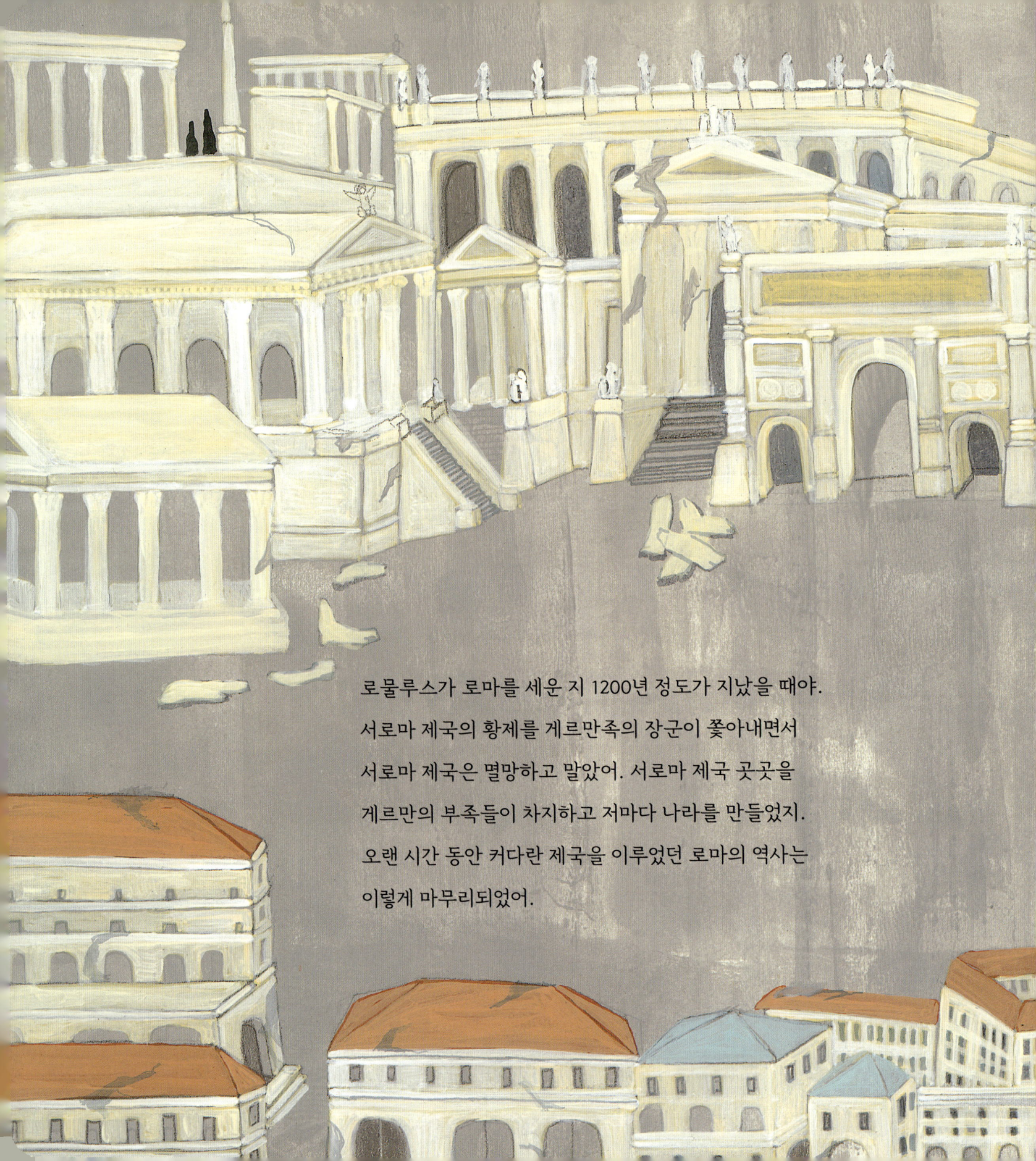

로물루스가 로마를 세운 지 1200년 정도가 지났을 때야.
서로마 제국의 황제를 게르만족의 장군이 쫓아내면서
서로마 제국은 멸망하고 말았어. 서로마 제국 곳곳을
게르만의 부족들이 차지하고 저마다 나라를 만들었지.
오랜 시간 동안 커다란 제국을 이루었던 로마의 역사는
이렇게 마무리되었어.

하지만 완전히 끝난 건 아니야.
아직 남아 있는 로마가 있잖아. 그래, 동로마 제국!
동로마 제국은 1000년 정도 더 살아남아서 새로운 역사를 써 나갔지.
그리고 또 하나 있어. 크리스트교 교회!
서로마 제국을 정복한 게르만족은 크리스트교를 믿으며 로마의 역사를 이어 갔어.
로마의 역사는 끝나도 끝난 게 아니었던 거지.
앞으로 유럽 대륙에 생겨날 여러 나라는
로마의 언어와 기술과 종교를 받아들이며
로마가 만들어 놓은 바탕 위에서 자라게 될 거야.

나의 첫 역사 여행

고대 로마의 흔적을 찾아서

포로 로마노

이탈리아 로마에 있는 포로 로마노는 '로마인의 광장'이라는 뜻이야.
고대 로마 시민들의 생활 중심지였던 이곳에서
로마인들의 정치·경제·종교 활동이 활발하게 이루어졌지.
주요 정부 기관 건물들이 광장을 감싸고 있어.
로마 사람들이 중요하게 생각했던 농업의 신 사투르누스를 위해 지은 신전과
원로원 회의장, 재판장, 개선문이 지금까지도 남아 있지.

포로 로마노의 풍경

사투르누스 신전

이탈리아 폼페이

이탈리아 나폴리에 위치한 폼페이 유적지

폼페이는 고대 로마의 도시 중 하나였어.
농업과 상업의 중심지였고, 특히 로마 귀족들의 휴양지로 유명했대.
하지만 베수비오 화산이 폭발하면서 도시 전체가 화산재에 묻혀 버렸지.
뒷날에 발굴이 이루어지면서 폼페이의 광장, 목욕탕,
원형 극장과 약국 등 많은 유적지가 발견되었어.

튀니지 두가

아프리카 북쪽에 '튀니지'라는 작은 나라가 있어.
튀니지의 두가는 아프리카에서
가장 보존이 잘 되어 있는 로마 유적지야.
500미터가 넘는 언덕 정상에 세워진 두가는 고대 로마의
도시들 중에서 가장 높은 곳에 자리 잡고 있었어.
두가 유적지에 있는 수도교, 신전, 목욕탕, 원형 극장을 통해
로마의 옛 도시 풍경을 상상해 볼 수 있지.

두가 유적지에 남아 있는 로마 원형 극장

고대 로마 황제의 개인 목욕탕

나의 첫 역사 클릭!

둥그런 아치 모양의 비밀

아치는 고대 로마의 대표적인 건축 기술이야.
잘 다듬은 돌을 양쪽에서 차곡차곡 쌓아 올리면서 둥그런 형태를 만든 뒤
두 개의 곡선이 만나는 가운데 부분에 쐐기 모양의 돌덩이를 끼워 넣어.
그렇게 단단하게 결합시키면 아치 형태를 만들 수 있어.
로마의 아치 기술은 수로를 떠받치는 다리에서 찾아볼 수 있지.
멀리 떨어져 있는 강에서 많은 양의 물을 도시로 끌어오기 위해 만든 다리가 수도교야.
에스파냐의 세고비아에 가면 지금까지도 튼튼하게 남아 있는
고대 로마의 아름다운 수도교를 볼 수 있어.
이 수도교는 2층의 아치 구조로 만들어져 있는데,
길이가 818미터이고 높이는 30미터 정도야.
접착제 역할을 하는 시멘트 없이 아치 구조만으로 2000년 가까이 버티고 있지.

에스파냐 세고비아에 위치한 고대 로마의 수도교

로마에 있는 원형 경기장 콜로세움에서도 아치 구조를 찾을 수 있어.
콜로세움의 바깥쪽 벽을 빙 둘러싸고 있는 수십 개의 아치형 문이 보이지?
석회암, 응회암, 콘크리트 등으로 지어진 콜로세움은
약 5만 명의 관중이 동시에 들어갈 수 있을 만큼 거대해.
고대 로마 시대에 만들어진 건축물 중에서 가장 크지.
콜로세움에서는 검투사의 전투 경기 외에도
모의 해전, 연극, 동물 사냥 등 다양한 행사가 열렸어.
로마 황제들이 시민들에게 인기를 끌기 위해 다양한 볼거리를 만들어 냈대.

이탈리아 로마에 위치한 콜로세움 | 판테온 돔 가운데에 있는 동그란 창, 오쿨루스

로마에 있는 판테온은 고대 로마 신들을 위해 지어진 신전이야.
판테온의 지붕은 가운데에 둥그런 구멍이 뚫린 거대한 돔으로 덮여 있는데,
여기에도 아치 기술이 사용되었지.
4500톤 정도 되는 엄청난 무게의 돔이
다른 기둥의 도움 없이 버티고 있는 것은 풀리지 않는 비밀이라고 해.

글 박혜정

성균관대학교 역사교육과에서 공부했습니다. 중학교에서 역사를 가르치며 학생들과 세계사의 재미를 나누고 있습니다. 두 아이의 엄마로, 아이를 무릎에 앉혀 놓고 그림책을 읽어 주던 때가 인생에서 빛나던 시절 중 하나라 여기고 있습니다.

그림 김은희

대학에서 디자인을 공부했습니다. 여행을 다니면서 직접 경험한 풍경들을 동화에 담아 그리는 것을 좋아합니다. 그린 책으로 《호랑이 잡는 망태》, 《미국의 독립을 이끈 정치가 프랭클린》, 《마녀의 닫힌 성을 열어라!》 등이 있습니다.

나의 첫 세계사 5 — **시민과 황제의 나라 로마 제국**

1판 1쇄 발행일 2022년 12월 7일
1판 3쇄 발행일 2024년 7월 22일

글 박혜정 | **그림** 김은희 | **발행인** 김학원 | **편집** 박현혜 | **디자인** 박인규
저자·독자 서비스 humanist@humanistbooks.com | **용지** 화인페이퍼 | **인쇄** 삼조인쇄 | **제본** 다인바인텍 | **스캔** 이희수 com.
발행처 휴먼어린이 | **출판등록** 제313-2006-000161호(2006년 7월 31일) | **주소** (03991) 서울시 마포구 동교로23길 76(연남동)
전화 02-335-4422 | **팩스** 02-334-3427 | **홈페이지** www.humanistbooks.com

글 ⓒ 박혜정, 2022   그림 ⓒ 김은희, 2022
ISBN 978-89-6591-465-5 74900
ISBN 978-89-6591-460-0 74900(세트)

- 이 책은 저작권법에 따라 보호받는 저작물이므로 무단 전재와 무단 복제를 금합니다.
- 이 책의 전부 또는 일부를 이용하려면 반드시 저작권자와 휴먼어린이 출판사의 동의를 받아야 합니다.
- **사용연령 6세 이상** 종이에 베이거나 긁히지 않도록 조심하세요. 책 모서리가 날카로우니 던지거나 떨어뜨리지 마세요.